中华诵·经典素读教程系列

中华国学课本

ZHONGHUA GUOXUE KEBEN

第十二册

张庆华 主编

六年级 ________ 班

姓名 ____________

中 华 书 局

顾　问

舒　悦　梁结银

主　编

张庆华

副主编

李　纯　张美如

编　委

张庆华　李　纯　张美如　谭曦文

徐　宏　廖洪毅　付晶晶　郑曼虹

责任编辑

祝安顺

装帧设计

刘　丽　王喜华

目录

古诗

古文

对　联

编者的话

教育部2012年发布的最新修订版《小学语文课程标准》前言写道：“语文课程还应通过优秀文化的熏陶感染，提高学生的思想道德修养和审美情趣，使他们逐步形成良好的个性和健全的人格，促进德、智、体、美诸方面的和谐发展。”《标准》还要求小学生背诵160篇优秀诗文。《中华国学课本》的编写，就是希望通过将丰富精深的传统文化内容课时化、情趣化、游戏化，让小学生寓学于玩，从而广泛深入地实践新语文课程标准。编写《中华国学课本》的目标，在于让孩子从道德评价、风俗习惯、交往礼仪、生活常识等方面去感受中华传统文化的独特魅力，使当代小学生能在学习过程中，正视祖国优秀的传统文化，吸取其精华，陶冶完美人格，开发自身的主体智慧，使识字、阅读、记忆、观察、思维、判断、想象、体能、灵感等方面的潜能得到更为科学、更为高效的开发和培养。

一、教材编写

（一）科学借鉴，精选适度

我们在编写教材时，尽可能实现如下目标：内容可读性强、编排线索简明、序列清晰、便于学生诵读和学习。通过对教材教法的研究，我们在“度、量、正、懂”四字上进行了反复斟酌。

1. **度**：要讲求分寸的把握。少儿传统文化学习要做到适当、适度、适宜、适合。课本所编选的诗歌、古文、韵文等，内容贴近儿童的生活，朗朗上口，便于记诵。

2. **量**：《中华国学课本》编选内容量的确定是以不增加学生学习负担为前提的。教材每册定位20课时，课文20篇，其中古诗6首，古文10篇，韵文4篇。一首诗一般最多56字，一段短文50字左右，韵文如《声律启蒙》节选80多字，都在课堂中完成学习，当堂读、背、画完成后，不再布置其他作业。

3. **正**：《中华国学课本》课程的教学目标是对少年儿童进行德育与智育，尤其是情感的培养和陶冶，把真善美的东西教给孩子们。

4. **懂**：我们是在引导学生初知或粗知的基础上来安排学习、诵读的。具体做法是，让学生初知一点，不深究。在学习过程中，凡是能够让学生开心地学、爽朗地读、创造性地嬉戏的形式，都是可以尝试的。

（二）内容丰富，设计创新

在编写时，我们也注意到了课堂教学的规范性和开放教学的灵活性：低年段内容的选编，多以表现儿童生活内容的篇章为主；中高年段则根据学生的认知能力和接受程度，编选优秀传统文化中有关为人处世、修身养性的篇目。编选时，尽量做到不与其他教科书内容重复。版块设置介绍如下：

1. **诵读**：诵读的方式可以是开放的，多种多样的，节奏读、韵律读、音乐读、相声版、京戏版、夫子版等都可以采用。

2. **注释**：设置注释的目的是帮助学生理解，因此对妨碍理解的字、词进行简洁的注释。

3. **诗意体悟**：本着浅显易懂、浅入浅出的原则，讲解诗文的内容和特色，让学生能基本了解即可，教学时也只是点到为止。

4. **阅读提示**：针对所选课文的内容和特点，进行具体的阅读指导。

5. **创意空间**：本版块的设置体现了体验化教学设计，课堂上师生一起以读、聊、诵、吟、画、玩的形式来进行学习。比如低年段的“我会这样涂涂画画”、中高年段的“诗情画意显身手”（我可以涂画、作诗、写对联）等，就是用读来完成学、用玩来理解意、用涂鸦等独特的创造和嬉戏，来表达和体现各自的情等，真正做到让学生体悟在诗意里，成长在无限的创造活动情趣中，既开发语言功能，又激发想象能力。

6. **汉字寻根和书写练习**：设置本版块，是希望学生通过观察、了解、欣赏、书写汉字，培养其对祖国汉字文化的喜爱之情，通过寻字、赏字、评字、写字，让学生从小养成眼中观字、心中想字、脑中记字、手写好字的优良习惯。“汉字寻根”只在古文部分设置。

7. **国学常识**：国学常识是对课文内容的补充和拓展。每册设置3课，所选均为中国人应知应会的国学常识，提供给学生自学，教师不进行讲解。

二、教学方法，易于操作

通过对教材的编选和教学实践，逐渐形成了系统完整、便于操作的教学模式——五步教学法，具体做法是：

1. **课前游戏学**：依据儿童爱玩的天性，在课前利用1—3分钟，让小组长或学习委员领同学一起吟诵、读唱、编演游戏。

2. **课中趣味学**：一看注释读，二想故事或典故读，三看阅读提示读。一是不加不减字；二是读准字音有韵味。

3. **同学玩读学**：彰显儿童的玩耍嬉戏之趣，让学生用自己喜欢的方式诵读，如节奏明快朗诵版、稚趣横溢相声版、摇头晃脑夫子版、韵律和声吟诵版等。

4. **师生同聊学**：师生同聊的课堂，聊中品读聊出情、聊中戏玩聊出趣、聊中感悟聊出智，让师生在课堂中，都能以轻松自如的状态去表达，去传递，去交流，去碰撞。

5. **诗情画意学**：课本设置有“创意空间”版块，是为了让孩子们更好地进行体验性、参与性学习，让孩子们的想象力自由地驰骋。每上完一课，孩子们心中有情、脑中有画、手中有笔，可以立即把自己的理解和想法都表现出来。

三、目标明确，积少成多

关于《中华国学课本》的使用，我们有如下建议。

一、二年级：每周利用一节正式语文课，上《中华国学课本》一课。另外利用每天的晨读时间逐渐完成《三字经》、《弟子规》、《千字文》、《百家姓》的背诵。

三、四年级：每周用一节正式语文课，上《中华国学课本》一到两课。用每天的晨读时间完成《声律启蒙》、《笠翁对韵》以及《大学》、《论语》节选的背诵。

五、六年级：每周用一节正式语文课，上《中华国学课本》一到两课。用每天的晨读时间完成《中庸》、《诗经》、《论语》、《孝经》、唐诗、宋词的选背。

这样，学生从一年级起至六年级，六年间可积累诵读约 300 多首古诗文和部分整本的经典名著。相信这些优秀篇目的学习，必将提升孩子们儒雅淳静的气质，为孩子们以后的“薄发”奠定比较扎实的基础。

四、家校互动，有效评价

在课程学习中，引入评价环节，提倡师生同评、学生自评、同伴互评、亲子共评，设置针对学生学习、教师教学、班级整体情况的测评表。

一是设计了针对学生的《中华国学课本》学习情况测评表（见附表 1），评分标准采用百分制，具体要求包括：1. 集体诵读展示，所有同学参与；2. 诵读时字正腔圆，声情并茂；3. 诵读形式多样，趣味性强；4. 分组表演中，大方自信，各展所长；5. 对《中华国学课本》的熟悉程度；6. 能进行个性创作，书、画整洁漂亮。

二是设计了针对教师使用的《中华国学课本》教学情况明细表（见附表 2）。

三是设计了针对班级整体的《中华国学课本》班级情况测评表（见附表 3），评分采用“优、良、中”等级制，具体要求为：1. 优：95% 的同学能熟练背诵，节奏感强 ；2. 良：90% 的同学能通背，正确、通顺、流畅；3. 中：80% 的同学能通背，正确、通顺、流畅。

附表1：

《中华国学课本》学习情况测评表

班　级	诵　读	表　演	创　作	综合得分

附表2：

《中华国学课本》教学情况明细表

<table>
<tr><td>年级／班级</td><td></td><td>授课老师</td><td></td><td>学生人数</td><td></td></tr>
<tr><td>规定课时</td><td></td><td>已上课时</td><td></td><td>补上课时</td><td></td></tr>
<tr><td rowspan="3">教学完成情况</td><td>学一带一</td><td colspan="4"></td></tr>
<tr><td>涂鸦创作</td><td colspan="4"></td></tr>
<tr><td>师生评价</td><td colspan="4"></td></tr>
<tr><td rowspan="4">抽查效果</td><td>熟练通背人数</td><td colspan="4"></td></tr>
<tr><td>古诗背诵效果</td><td colspan="4"></td></tr>
<tr><td>古文背诵效果</td><td colspan="4"></td></tr>
<tr><td>韵文背诵效果</td><td colspan="4"></td></tr>
<tr><td>教师教学感悟、意见及建议</td><td colspan="5"></td></tr>
</table>

附表 3：

《中华国学课本》班级情况测评表

班级人数情况			诵读效果			创作效果	
班级	应到人	实到人	古诗	古文	韵文	涂鸦	诗、文创作

张庆华

2013 年 3 月

古诗

《载驰》体现出许穆夫人坚强不屈的性格，强烈的爱国思想以及非凡的卓识远见；《忆秦娥》由个人情愁，联及国家存亡之忧，不也正是一种爱国体现；《观沧海》借诗境的壮丽淋漓尽致地展现出曹操这一军事家的远大抱负、雄心壮志以及威震天下的霸气；《责子》是对普天下父母给予孩子期盼的真实写照；《四时田园杂兴》带给我们的不仅是田园之美，更是唤醒我们对大自然馈赠人类的感恩之情；《破阵子》则呈现了一种恬淡淳朴的乡村快乐。

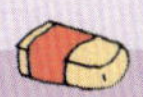

1 载驰

诗经·鄘风

载驰载驱，归唁卫侯。
驱马悠悠，言至于漕。
大夫跋涉，我心则忧。
既不我嘉，不能旋反。
视尔不臧，我思不远。
既不我嘉，不能旋济。
视尔不臧，我思不閟。
陟彼阿丘，言采其蝱。
女子善怀，亦各有行。
许人尤之，众稚且狂。
我行其野，芃芃其麦。
控于大邦，谁因谁极？
大夫君子，无我有尤。
百尔所思，不如我所之。

注释

① 不我嘉：不赞同我。
② 陟（zhì）：登。
③ 芃芃（péng）：茂盛的样子。

快马加鞭回国慰问我卫侯，路途遥远，恨不得一步来到漕。许国大夫前来劝阻，让我心忧让我愁。既然你们不赞同我联齐抗狄，我绝不回头再返城。许国大夫责备我，真是幼稚又狂妄，尽管你们主意多，但国难当头不如我去求大国来帮忙。

此诗相传为许穆夫人所作。卫国被狄人灭掉后，许穆夫人立即奔赴漕邑慰问，并提出联齐抗狄的主张，却遭到了许国大夫的反对。“既不我嘉，不能旋反”、“既不我嘉，不能旋济”，体现出许穆夫人坚强不屈的性格，强烈的爱国思想以及非凡的卓识远见。朗读时，语调铿锵，流露出义无反顾的救国之情。

1. 我会自读、自吟，找同学一起诵读。

2. 书写练习：照样子书写下面的文字。

既不我嘉，不能旋反。视尔不臧，我思不远。既不我嘉，不能旋济。视尔不臧，我思不閟。

3. 诗情画意显身手。（我可以涂画、作诗、写对联）

2 观沧海

〔三国〕曹　操

东临碣石，以观沧海。
水何澹澹，山岛竦峙。
树木丛生，百草丰茂。
秋风萧瑟，洪波涌起。
日月之行，若出其中；
星汉粲烂，若出其里。
幸甚至哉，歌以咏志。

注释

① 曹操：三国时政治家、军事家、诗人。
② 澹澹（dàn）：水波动荡的样子。
③ 竦（sǒng）峙：耸立。
④ 粲烂：即“灿烂”。

登上碣石山，眺望苍茫大海。海水汹涌翻腾，掀起万丈巨浪，山岛却毅然挺立在水中央。山岛上树木丛生，花草繁茂，在巨浪中更显苍劲挺拔。瞧，雄伟的太阳、皎洁的月亮、灿烂的银河，仿佛从浩淼的大海里冉冉升起。庆幸的是此情此境能借以表达我的心志。

诗人抓住了北国海滨的壮观景象，借以抒发自己的雄心壮志。由海水、海岛、草木、秋风、洪波，描绘出海上日升月落，星汉灿烂的瑰丽景象，以境造境，给人以无穷无尽的遐想。朗读时，声音高亢而豪迈，展现出诗人开阔的胸襟和用之不尽的智慧。

1. 我会自读、自吟，找同学一起诵读。

2. 书写练习：照样子书写下面的文字。

日月之行，若出其中；星汉粲烂，若出其里。幸甚至哉，歌以咏志。

3. 诗情画意显身手。（我可以涂画、作诗、写对联）

3 责子

〔晋〕陶渊明

白发被两鬓，肌肤不复实。
虽有五男儿，总不好纸笔。
阿舒已二八，懒惰故无匹。
阿宣行志学，而不爱文术。
雍端年十三，不识六与七。
通子垂九龄，但觅梨与栗。
天运苟如此，且进杯中物。

注释

① 陶渊明：东晋诗人。
② 匹：相当。
③ 垂：接近。
④ 苟：如果。

我已年迈，可五个孩子，没有一个如我所愿：阿舒已经十六岁，还懒于读书；阿宣近十五岁，不爱学诗文；阿雍和阿端年满十三岁，仍不会数数；阿通是老五，快满九岁，也只知贪吃，还不会其他。如果命运该如此，孩子快乐安康我也只好作罢。

诗人采用夸张的语言，看似在责骂孩子，实则隐隐流露出对孩子的慈爱之情。“望子成才”是普天下父母的心愿，作为孩子不应该让父母伤心失望，这才是真正的“孝”。“天运苟如此，且进杯中物”，充分流露出父亲心中的担忧与无奈。朗读时，语调低缓，体现父母对子女不成器的挂虑和难以割舍的舐犊之情。

 1. 我会自读、自吟，找同学一起诵读。

 2. 书写练习：照样子书写下面的文字。

白发被两鬓，肌肤不复实。虽有五男儿，总不好纸笔。

3. 诗情画意显身手。（我可以涂画、作诗、写对联）

4 四时田园杂兴

〔宋〕范成大

（一）

桑下春蔬绿满畦，
菘心青嫩芥苔肥。
溪头洗择店头卖，
日暮裹盐沽酒归。

（二）

海雨江风浪作堆，
时新鱼菜逐春回。
荻芽抽笋河鲀上，
楝子开花石首来。

（一）：春天来了，只见桑树下绿油油一片，菜畦里的蔬菜葱葱郁郁，小白菜长得又青又嫩，芥苔也是又肥又厚。农家一大早把蔬菜拿到溪边择洗干净放到店里去卖。傍晚，就能换回一袋盐和一壶酒回家。

（二）：江面上风起云涌，一浪接着一浪，很快下起了雨。春季里，鱼儿正肥美，蔬菜又鲜又嫩，楝子花开，竹笋和河豚鱼都赶着上市呢！当然，此时的石首鱼更是少不了。

（一）：春日里，万物复苏，整个世界充盈着生机和活力，这不仅是美，更是一种福音。“溪头洗择店头卖，日暮裹盐沽酒归。”农家勤耕劳作终于劳有所获，这是多么令人兴奋而满足的事情呀！朗读时，声高而悠扬，流露出内心深处难以抑制的那份快乐和幸福。

（二）：沉睡了一冬的鱼儿、蔬菜，伴着春天的脚步也都悄悄上市了。人们品着大自然所赐予的恩物，心里哪还会有丝毫的忧愁呢！朗读时，语调舒缓悠扬，读出对大自然的感恩之情，读出享受生活之美！

 1. 我会自读、自吟，找同学一起诵读。

 2. 书写练习：照样子书写下面的文字。

溪头洗择店头卖，日暮裹盐沽酒归。

荻芽抽笋河鲀上，楝子开花石首来。

3. 诗情画意显身手。（我可以涂画、作诗、写对联）

5 忆秦娥

〔唐〕李　白

箫声咽，秦娥梦断秦楼月。秦楼月，年年柳色，灞陵伤别。　乐游原上清秋节，咸阳古道音尘绝。音尘绝，西风残照，汉家陵阙。

注释

① 灞陵：汉文帝陵寝，古人折柳送别的地方。

鸣咽的箫声把秦娥从梦中惊醒，只见一钩残月斜映在窗前，让人更觉忧伤孤寂。多少个这样的月夜，都只能顾影自怜。年复一年，柳色再次泛绿，却不知远人在何处。重阳登高，只见咸阳古道车马稀落，只有陵墓与残阳相伴，此情此景，更是愁苦不堪啊！

此词上阕借秦娥对离人的思念表达了内心的苦思与追求，下阕则直抒胸臆怀古伤今。“音尘绝，西风残照，汉家陵阙。”面对秦汉赫赫王朝的遗迹，很自然地由个人忧愁联想到历史的轮回，一种忧国伤亡的博大情怀不言而喻。朗读时，语调悲叹，体现出相思与忧国之凄苦。

 1. 我会自读、自吟，找同学一起诵读。

 2. 书写练习：照样子书写下面的文字。

乐游原上清秋节，咸阳古道音尘绝。音尘绝，西风残照，汉家陵阙。

3. 诗情画意显身手。（我可以涂画、作诗、写对联）

6 破阵子

〔宋〕欧阳修

燕子来时新社，梨花落后清明。池上碧苔三四点，叶底黄鹂一两声，日长飞絮轻。　　巧笑东邻女伴，采桑径里逢迎。疑怪昨宵春梦好，原是今朝斗草赢，笑从双脸生。

注释

① 晏殊：宋代政治家、词人。

② 碧苔：水边绿苔。

③ 巧笑：美丽的笑容。

清明时节，梨花落尽，新燕将来，社礼过后，人们尽情欢乐，连闺中少女也可出门踏青。他们一个个呼姊唤妹，外出游观。两个相邻的少女在采桑路上迎面相遇，不知东邻少女欢乐为何故，莫不因为昨晚美梦？东邻少女笑着说：“我刚斗草赢了彩头呢！”随即两位少女相视一笑。

这首词描写了古代少女们春天生活的一个小场景，展示了情趣盎然的图画。上片写景，“燕子”、“梨花”、“碧苔”、“黄鹂”、“飞絮”，五色杂陈，秀美明丽，春色之娇娆浮现眼前；下片写人，“巧笑”、“逢迎”、“疑怪”，村姑娘的天真可爱跃然纸上。其中巧笑的东邻女伴，给整个画面带来了俏皮与活力。朗读时，语调活泼轻快，表现出乡村少女的纯洁可爱。

 1. 我会自读、自吟，找同学一起诵读。

 2. 书写练习：照样子书写下面的文字。

巧笑东邻女伴，采桑径里逢迎。疑怪昨宵春梦好，原是今朝斗草赢，笑从双脸生。

3. 诗情画意显身手。（我可以涂画、作诗、写对联）

中华丧葬祭祀文化

每一个生命都有尽头，世界上文化比较进步的民族，在亲人逝去之时，都会用某种特定的形式来表达内心的哀痛。生命的终结是不可避免的现象，一个隆重的葬礼，体现的正是对生命的敬重。

儒家的居丧

礼是表达感情的。在中国，儒家流行的居丧就会用许多礼节来表达对亲人的哀思。

孝子在父母去世后会居住在简陋的草棚中，晚上睡苫草，用土块做枕头。而且古人无论地位高低，只要至亲去世，都会以清粥为食，甚至三天不吃不喝。

民间祭祀文化

父母过世，孝子通常会在很长一段时间内沉默寡言。三年之内，孝子都不与众人一起站立、走路，也不到别人家吊丧、哭泣。

若有亲人离去，根据不同的亲戚关系，人们还会穿上不同的丧服来表达自己的哀思。

儒家认为，居丧三年的诸多礼节是繁琐而细致的，能够严格执行的人，一定是值得信赖的人。

形形色色的葬式

不管是哪种文化背景，人们都会对亲人的遗体进行妥善的处理，以表对亲人的敬重。不同的文化，有着各自不同的处理方式。

土葬。几乎全世界都流行过土葬。土葬的程序，一般是把尸体和逝者生前用过的贴身物品放进棺材，然后再把棺材埋在地里。中国的传统文化认为逝者应保存完尸，入土为安。因此长期以来，土葬都是人们处理亲人遗体的首选。不过在个别少数民族中土葬却是最坏的。如在藏族只对传染病人和死刑囚犯才用土葬，他们重视的是天葬和水葬。

天葬。天葬流行于我国藏族等少数民族中，是历史悠久的传统葬礼。亲人逝去后，将遗体放在野外，让鹰或秃鹫等食腐的猛禽前来食用，这样逝者的灵魂就能升入天堂。这是人们的一种信仰，也是一种表达对逝者尊重的方式。

水葬。水葬是世界上比较古老的葬法，指的是将逝者遗体投于江河湖海等水域的葬法。当一些藏区家中亲人过世时，人们会将遗体先在家停放数日，点起酥油灯，由喇嘛诵经超度。随后，专门的司葬人员，会把石头绑在遗体上，让遗体自然地沉入水中。水是生命之源，自古以来，人们就给水赋予了幸福、美好等寓意，使用水葬，也是对亲人的一种祝福。

火葬。火葬是我国目前绝大多数地区采用的葬式，就是用火把尸体烧成骨灰。处理骨灰的方式因人而异，通常是放置在骨灰瓮中再埋于土中。同学们熟悉的邓小平爷爷，在去世前曾留下遗嘱将骨灰撒进了中国南海，融入了大海的每一朵浪花之中。

丧葬虽然神秘，但是并不是可怕的事，亲人之间的爱，并不会因为生命的消失而停止，不管是用哪种方法来埋葬逝者，人们对逝者的那份怀念与尊重，都是相同的。

闻雷泣墓

丧尽礼，祭尽诚，丧葬文化所传递的，就是中华传统的“孝道”。

晋朝时的王裒，便是一位著名的孝子。在母亲去世之后，孝顺的他依然在延续着自己的一份孝心。为了陪伴母亲，王裒便在墓穴旁边建起一个小土屋，住在那里为母亲守丧。母亲生前最怕打雷，所以每当遇到电闪雷鸣的时候，王裒都会跑到墓穴前，大声安慰母亲，唯恐雷声惊扰了母亲的亡灵。这就是二十四孝中闻雷泣墓的孝亲故事。

像这样的孝子，史书上还记载了许多许多，同学们可以自己去找一找、读一读。

古文

六年来的学习，我们对古文有了更多的理解，更多的喜爱。读《大学》明明德，读《中庸》致中和，读《论语》而亲仁，读《孟子》知性善，读《道德经》的智慧，读《庄子》的想象……吟着、诵着，不知不觉跟着大师踏上了智慧之船，航向经典的海洋。本册古文映射着勤俭朴实、仁义孝悌、无私大气、谦恭好学、专心致志等传统美德。面对这些可爱智慧的文字，我们要有自己的思考和想象，自己的体验和心情，自己的创作和表达。

7 财用

生财有大道。生之者众，食之者寡，为之者疾，用之者舒，则财恒足矣。仁者以财发身，不仁者以身发财。未有上好仁而下不好义者也，未有好义其事不终者也，未有府库财非其财者也。孟献子曰："畜马乘不察于鸡豚，伐冰之家不畜牛羊，百乘之家不畜聚敛之臣。与其有聚敛之臣，宁有盗臣。"此谓国不以利为利，以义为利也。

《大学》节选

注释

① 畜：养。

② 乘（shèng）：指用四匹马拉的车。

生产财富有重大原则。生产的人多，消费的人少，创造得迅速，使用得舒缓，那么国家的财物自然就常常充足了。仁德的人利用财富来发扬自身的理想，不仁的人却滥用自身的条件去拼命地发财。没有君长爱好仁德而臣民不爱好道义的，没有臣民爱好道义而国事半途而废，府库的财货竟不属于国家所有的。孟献子说："具备马匹车辆的士大夫之家，不去计较喂鸡喂猪的小利；有资格伐冰备用的大夫之家，不饲养牛羊牟利；拥有百辆兵车的卿大夫之家，不养活那聚敛民财的家臣。与其有这种家臣，不如有偷盗自家财物的小臣。"这就是说，国君治理国家不能以私利为利益，而应以道义为利益。

"德本财末"，这段话看似在论述蓄积财富的道理，实则在讲述君主的治国之道和个人修养问题。"众与寡"、"疾与舒"，前两句的品读全在这四字的揣摩变化之中，"勤"、"俭"二字落入人心。"仁者/以财发身，不仁者/以身发财"，读至此，我们会有很多的对比联想，或崇敬赞许，或厌弃反对，直抒胸臆，一吐为快。后两句的排比更坚定地道出"以义为利"的大公无私。

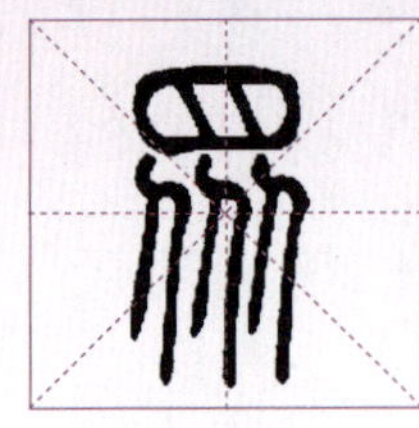		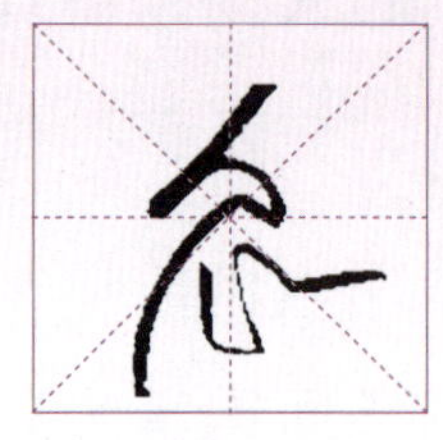		
小篆	隶书	草书	行书	楷书

众：最初的字形是烈日当空，很多人在弯腰劳动，随着字形的演变，简体的楷书只保留了三个“人”，因此我们常说“三人为众”。“众”的本意就是指很多人。

 1. 我会自读、自吟，找同学一起诵读。 

 2. 书写练习：照样子书写下面的文字。

仁者以财发身，不仁者以身发财。未有上好仁而下不好义者也，未有好义其事不终者也，未有府库财非其财者也。

3. 诗情画意显身手。（我可以涂画、作诗、写对联）

8 道德

天下之达道五，所以行之者三：曰君臣也，父子也，夫妇也，昆弟也，朋友之交也。五者天下之达道也。知、仁、勇三者，天下之达德也，所以行之者一也。或生而知之，或学而知之，或困而知之，及其知之，一也。或安而行之，或利而行之，或勉强而行之，及其成功，一也。

注释

① 知：通"智"。

《中庸》节选

天下共通的人道有五条，用来履行这五条人道的品德有三种。君臣之道，父子之道，夫妇之道，兄弟之道，朋友交往之道，这五条就是天下共通的人道。智、仁、勇，这三种是天下共通的品德，用以履行五条人道，三者是一致的。对于五道三德的道理，有的人生来就知晓，有的人学习了才知晓，有的人经历了困苦才知晓，及至他们都知晓了，却是一样的了。对于五道三德的实践，有的人心安理得地去做，有的人为了名利才去做，有的人勉勉强强地去做，及至他们都成功的时候，却是一样的了。

这段话让我们知晓了古今天下之达道达德，率性而行，殊途同归，其所以行之者，只在一“诚”而已。诵读时，细细体味“知之”者与“行之”者不同的资禀与表现，怀真实无妄之心，道出达到“一也”之境后的豁达与坦然。

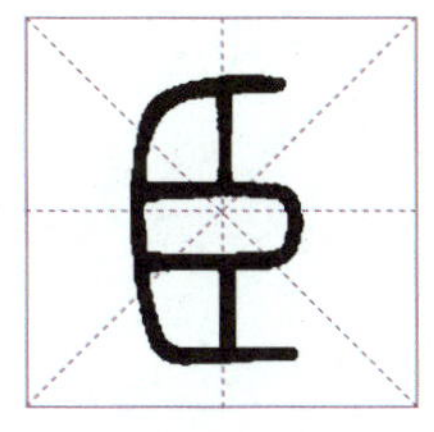

隶 书

草 书

行 书

楷 书

臣：字形像一只竖起的眼睛，本义是 “男奴”，后来引申为“俘虏”。因为奴隶、俘虏都是下贱之人，因此古代的官吏在君主面前常用此词自称以表谦恭。

 1. 我会自读、自吟，找同学一起诵读。

 2. 书写练习：照样子书写下面的文字。

或生而知之，或学而知之，或困而知之，及其知之，一也。

 3. 诗情画意显身手。（我可以涂画、作诗、写对联）

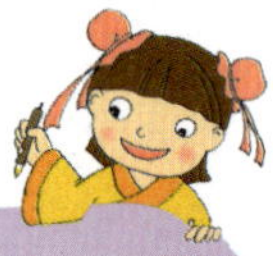

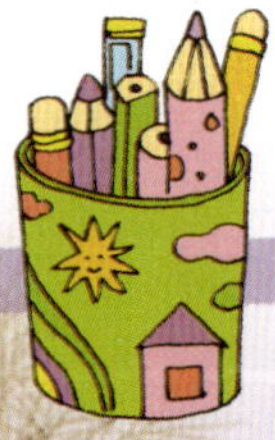

9 至　诚

故至诚无息。不息则久，久则征，征则悠远，悠远则博厚，博厚则高明。博厚，所以载物也；高明，所以覆物也；悠久，所以成物也。博厚配地，高明配天，悠久无疆。如此者，不见而章，不动而变，无为而成。

《中庸》节选

所以至诚没有停息的时候。不停息就能持久，持久就能验证，能验证就能悠长久远，悠长久远就能广博深厚，广博深厚就能高大光明。广博深厚能承载万物，高大光明能覆盖万物，悠长久远能成就万物。广博深厚可以与地相配，高大光明可以与天相配，悠长久远犹如时间的无尽无穷。这样的至诚，不须表现而自然彰明，不须行动而自然变化，无所作为而自然成功。

“至诚之德，著于四方”。诚是《中庸》的精髓，诚即真，即善，它是人的道德品质和道德境界。品读这段话，抓住“久”、“征”、“悠远”、“博厚”、“高明”，感悟诚者无疆、生生不息的力量与追求；领会诚之所至“自然而然”的坚持与智慧。顶针回环的句式，读来有一种如链条般环环相扣、翠屏重叠的复沓美。

			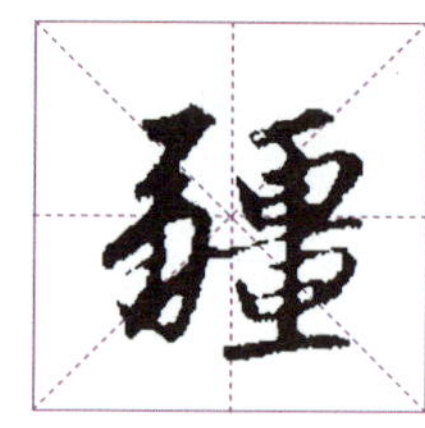	
小篆	隶书	草书	行书	楷书

疆：字形右边有两块田，三条横线表示的是田界，而左边的“弓”是丈量土地的工具，其下一个“土”字表明这个字和“土地”有关，它表示的是“境界，边界”之义。后来又被引申为“极限”，如人们常说“万寿无疆”，这里的“无疆”表示的意思就是“没有极限”。

 1. 我会自读、自吟，找同学一起诵读。

 2. 书写练习：照样子书写下面的文字。

博厚，所以载物也；高明，所以覆物也；悠久，所以成物也。

 3. 诗情画意显身手。（我可以涂画、作诗、写对联）

古文

10 专心致志

孟子曰：“今夫弈之为数，小数也；不专心致志，则不得也。弈秋，通国之善弈者也。使弈秋诲二人弈，其一人专心致志，惟弈秋之为听。一人虽听之，一心以为有鸿鹄将至，思援弓缴而射之，虽与之俱学，弗若之矣。为是其智弗若与？曰：非然也。”

注释

① 弈：围棋。
② 数：技艺。

《孟子·告子上》节选

孟子说：“譬如下棋，这只是小技术，如果不一心一意，那就学不好。弈秋是全国的下棋圣手。假使让他教授两个人，一个人一心一意，只听弈秋的话。另一个呢，虽然听着，而心里却以为，有只天鹅快要飞来，想拿起弓箭去射它。这样，即使和那个人一道学习，他的成绩一定不如人家。是因为他的聪明不如人家吗？自然不是的。”

这段话以棋为喻，告诉我们学习、做事都必须专心致志。诵读时，抓住学弈者二人不同的表现，通过语气、语调、语速读出对比与变化，一褒一贬，一扬一抑，一舒一疾。行至文末，两两对读，一问一答，肯定果断。

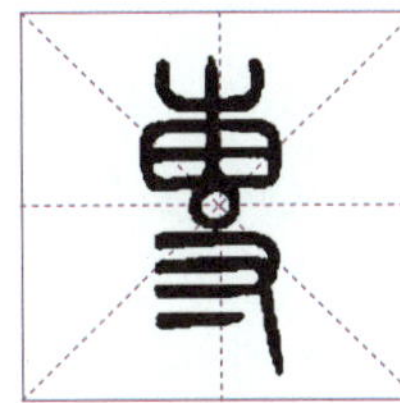		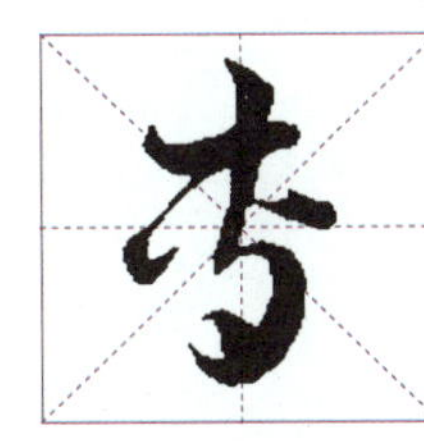	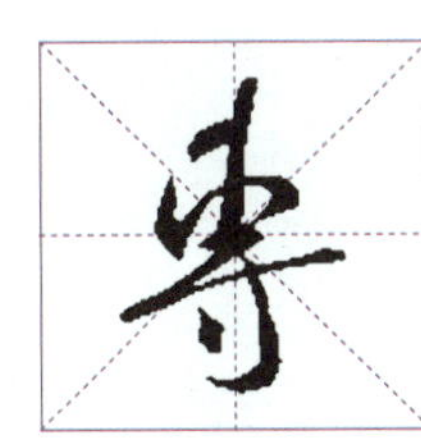	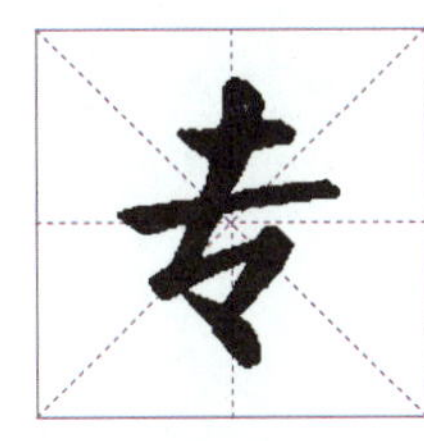
小　篆	隶　书	草　书	行　书	楷　书

专：会意字。左边一只手，转动纺砖而纺线，“纺砖”就是“专”的本义，不过这个本义已经消失很久了，现在有了“独占”的含义，也引申为“专横”。

 1. 我会自读、自吟，找同学一起诵读。

 2. 书写练习：照样子书写下面的文字。

一人虽听之，一心以为有鸿鹄将至，思援弓缴而射之，虽与之俱学，弗若之矣。

 3. 诗情画意显身手。（我可以涂画、作诗、写对联）

11 揠苗助长

宋人有闵其苗之不长而揠之者，芒芒然归，谓其人曰："今日病矣！予助苗长矣！"其子趋而往视之，苗则槁矣。天下之不助苗长者寡矣！以为无益而舍之者，不耘苗者也；助之长者，揠苗者也——非徒无益，而又害之。

《孟子·公孙丑上》节选

宋国有一个担心禾苗不长而去把它拔高些的人，十分疲倦地回去，对家里人说："今天累坏了！我帮助禾苗生长了！"他儿子赶快跑去一看，禾苗都枯槁了。其实天下不帮助禾苗生长的人是很少的。以为培养工作没有益处而放弃不干的，就是种庄稼不锄草的懒汉；违背规律地去帮助它生长的就是拔苗的人。这种助长行为，不但没有益处，反而会伤害它。

《孟子》一书中有大量的比喻，寓言说理，形象生动。“拔苗助长”已成为人人皆知的经典故事，意在告诉人们违反事物的发展规律，一味地急于求成，结果得不偿失，反而坏事。鉴古观今，生活中不乏“不耘苗者”与“揠苗者”，故诵读时有感慨，有思考，有内省。

		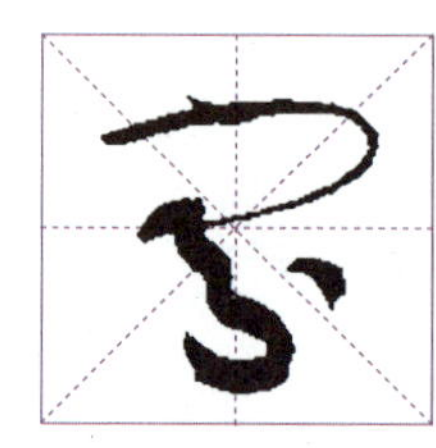		
小 篆	隶 书	草 书	行 书	楷 书

寡：一个房子里，只有一个人，这就是“寡”了，它和“众”相对，表示“很少”的含义，从古至今，它的字义几乎没有变化。古代君主，也常常以此词自称，如“寡人”、“寡君”等。

 1. 我会自读、自吟，找同学一起诵读。

2. 书写练习：照样子书写下面的文字。

天下之不助苗长者寡矣！以为无益而舍之者，不耘苗者也；助之长者，揠苗者也——非徒无益，而又害之。

3. 诗情画意显身手。（我可以涂画、作诗、写对联）

12 谦退

天长地久。天地所以能长且久者，以其不自生，故能长生。是以圣人后其身而身先，外其身而身存。非以其无私邪？故能成其私。

《道德经》第七章

我有三宝，持而保之：一曰慈，二曰俭，三曰不敢为天下先。慈，故能勇；俭，故能广；不敢为天下先，故能成器长。

《道德经》第六十七章节选

天地是长久存在的。天地所以能够长久存在，是因为天地不为自己而生，所以能够长生。因此，圣人把自身置于众人之后，却能得到大家的推崇而占先；把自身置于度外，却能保存自己。不就是因为它无私吗？所以能够成就自己。

我有三件宝贝，守持而保存着。第一种叫慈爱，第二种叫俭啬，第三种叫不敢处于天下人的前面。慈爱，因此能够勇敢；俭啬，因此能够宽广；不敢处于天下人的前面，因此能够成为万物之长。

这两段话皆在论修身。第一段话由天地不自生，阐发了谦下思想。诵读时，怀礼让谦抑之心，体会“不自生”与“长生”、“身先”与“后其身”、“身存”与“外其身”的矛盾与关联。第二段话是老子有感而发，讲解人生之宝。诵读时，如与圣人面晤，可对接，可应和，读出“慈”者的仁爱与不惧，“俭”者的朴实与宽广，“谦”者的不争与博大。

		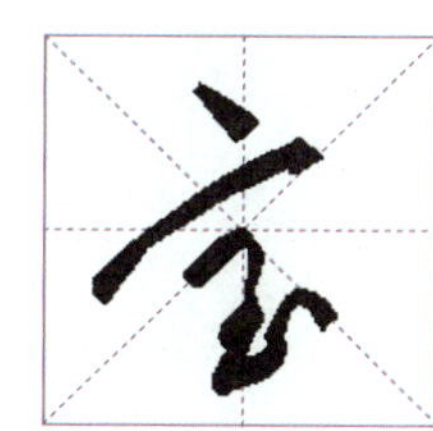		
小　篆	隶　书	草　书	行　书	楷　书

宝：字形是屋子里有“贝”有“王”，“贝”是钱财，“王”是大斧头，代表政权，这是古人眼中最宝贵的东西。

 1. 我会自读、自吟，找同学一起诵读。

 2. 书写练习：照样子书写下面的文字。

是以圣人后其身而身先，外其身而身存。非以其无私邪？故能成其私。

 3. 诗情画意显身手。（我可以涂画、作诗、写对联）

13 虚　静

名与身孰亲？身与货孰多？得与亡孰病？甚爱必大费，多藏必厚亡。故知足不辱，知止不殆，可以长久。

《道德经》第四十四章

大成若缺，其用不弊。大盈若冲，其用不穷。大直若屈，大巧若拙，大辩若讷。躁胜寒，静胜热，清静为天下正。

《道德经》第四十五章

名声与身体相比哪一个亲近？生命与财物相比哪一个贵重？得到与丧失相比哪一个痛苦？过分私爱必然要有重大的耗费，太多收藏必然会有厚重的损失。因此，知道满足就不会受到屈辱，知道休止就不会出现危险，这样才能保持长久。

最美好的东西好像残缺，但是它的作用不会停止。最充盈的东西好像空虚，但是它的作用不会穷尽。最正直的东西好像弯曲，最灵巧的东西好像笨拙，最雄辩的人才好像口吃，最大的盈利好像亏本。躁动战胜寒冷，安静战胜炎热。清静无为可以成为天下的君长。

《老子》的深刻，就在于总能从事物的反面看到我们平常注意不到的问题。第一段话告诉我们尊重生命，“知足不辱，知止不殆”，已成为一种人生信条。诵读时，把握好三个反问句的语气，读出生命的可贵。“甚爱/必大费，多藏/必厚亡”过犹不及，两个“必”字，读来如此肯定，不容置疑。“故”后心静，平和，“知足”、“知止”悄然入心。第二段话讲述了为人处世的姿态，不自吹，不自是，不炫耀，含藏内收。怀谦卑之心，恬静之情，边读边思。

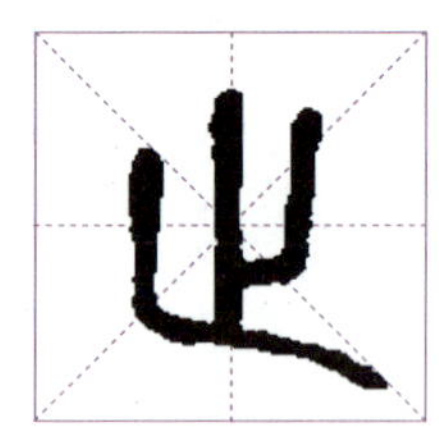
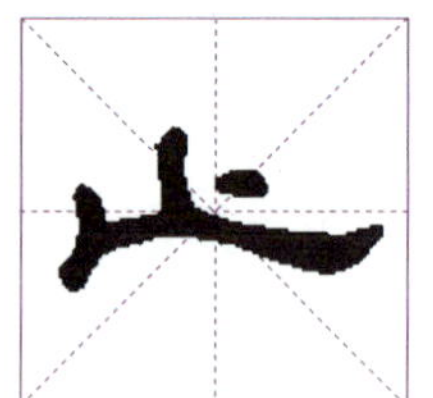
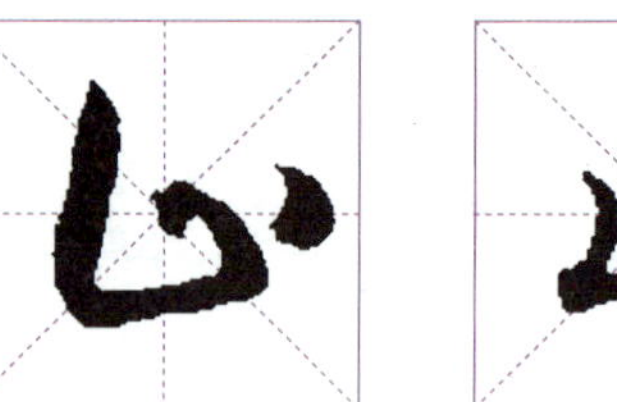
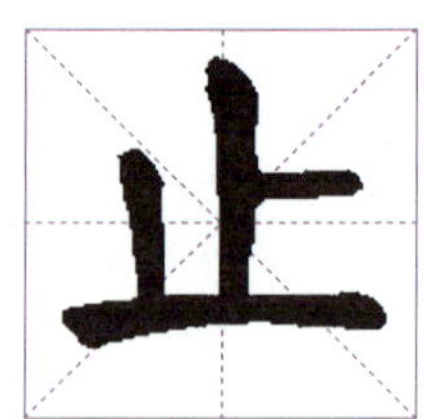

小　篆　　　隶　书　　　草　书　　　行　书　　　楷　书

止：象形字。像一只脚趾朝左的脚。后来人们给它加上了“足”旁，变成了“趾”用来表示脚。而“止”则被引申了“停止”的含义，但凡由“止”组成的汉字，大多与脚有关，如“步”、“此”等。

 1. 我会自读、自吟，找同学一起诵读。

2. 书写练习：照样子书写下面的文字。

名与身孰亲？身与货孰多？得与亡孰病？甚爱必大费，多藏必厚亡。故知足不辱，知止不殆，可以长久。

3. 诗情画意显身手。（我可以涂画、作诗、写对联）

14 孝亲

子曰："孝子之事亲也，居则致其敬，养则致其乐，病则致其忧，丧则致其哀，祭则致其严。五者备矣，然后能事亲。事亲者，居上不骄，为下不乱，在丑不争。居上而骄则亡，为下而乱则刑，在丑而争则兵。三者不除，虽日用三牲之养，犹为不孝也。"

《孝经·纪孝行章第十》

孔子说："孝子对父母亲的侍奉，日常家居时，要竭尽对父母的恭敬；在饮食生活的奉养时，要保持和悦愉快的心情去服侍；父母生了病，要带着忧虑的心情去照料；父母去世了，要竭尽悲哀之情料理后事；对先人的祭祀，要严肃对待。这五方面做得完备周到了，方可称为对父母尽到了子女的责任。侍奉双亲，身居高位而不骄傲蛮横，身居下层而不为非作乱，在民众中间和顺相处、不与人争斗。身居高位而骄傲自大者势必要遭致灭亡，在下层而为非作乱者免不了遭受刑罚，在民众中争斗则会引起相互残杀。这骄、乱、争三项恶事不戒除，即便对父母天天用牛羊猪三牲的肉食尽心奉养，也还是不孝之人啊。"

“天地之性，人为贵。人之行，莫大于孝。”父母生我，养我，长我，育我，我们应懂得珍惜，懂得感恩，懂得孝敬。读这段话，抓住“敬”、“乐”、“忧”、“哀”、“严”，领悟“孝”的内涵；从“不骄”、“不乱”、“不争”处，知晓“为孝”当修身。诵读时，怀爱敬之心，读出感恩，读出温暖，读出真诚。

小篆

隶书

草书

行书

楷书

乱：会意字。上部的“爪”和下部的“又”都是手，中间是乱丝，表示用手整理乱丝的含义。后来，“乱”字本引申为“无秩序”、“不太平”的含义，如“乱世”。

1. 我会自读、自吟，找同学一起诵读。

 2. 书写练习：照样子书写下面的文字。

事亲者，居上不骄，为下不乱，在丑不争。居上而骄则亡，为下而乱则刑，在丑而争则兵。

 3. 诗情画意显身手。（我可以涂画、作诗、写对联）

15 大学之教

大学之教也，时教必有正业，退息必有居学。不学操缦，不能安弦；不学博依，不能安诗；不学杂服，不能安礼；不兴其艺，不能乐学。故君子之于学也，藏焉，修焉，息焉，游焉。夫然，故安其学而亲其师，乐其友而信其道，是以虽离师辅而不反。《兑命》曰："敬孙务时敏，厥修乃来。"其此之谓乎！

《礼记·学记》节选

大学的教育，因时施教必有正式的课程，下课休息必有复习作业。不学操理弹拨的基本技能，就不能妥善地弹琴。不学习广泛的比喻，就不能妥善地理解诗。不学各种礼服、燕服的形制、用场及其穿着仪容，就不能妥善地行礼。

不喜欢学习课程中各种技艺，就不能提起学习兴趣。君子对于学业知识，要积累，要练习。劳作休息时要体味，闲暇无事时要涵泳。能够这样，才能安心学习而亲近师长，友爱学友而笃信正理。即使离开师长学友，也不会违反道义。《尚书·兑命》中说：“恭敬谦逊地致力于及时勤学，其进修成果才能到来。”说的就是这种情况吧！

“学不可以已”，学习是一个永恒的话题。这段话论述了学习的方法和学习的态度：循序渐进，勤奋不懈，方能学有所成。诵读时，如聆听圣人之教，怀谦恭向学之心，凡有感触之处，反复体味涵泳。或摇头晃脑徐徐道之，或富有节奏朗朗诵之，或配上曲调歌之吟之。

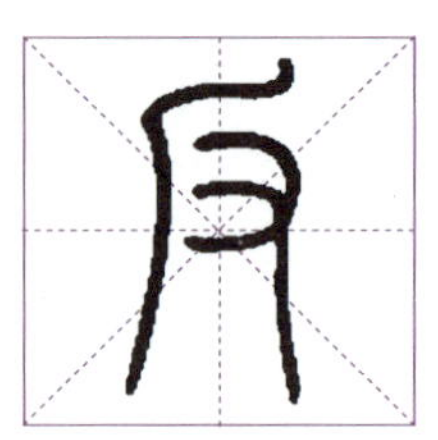

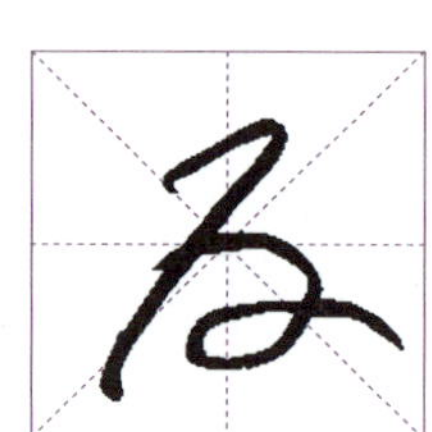
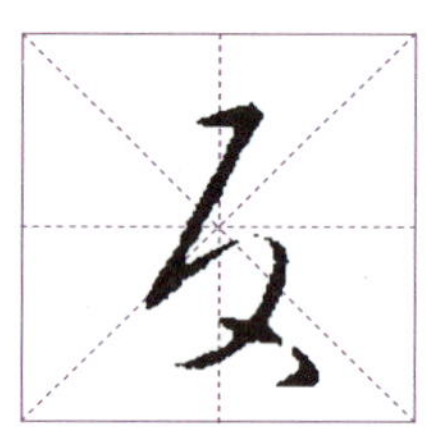

小篆　隶书　草书　行书　楷书

反：会意字。左边是悬崖，右边是手，表示的是攀援山崖而上的含义。由于“攀登”可引申为“翻转”，再引申为“相反”，“反”就有了和“正”相对的含义。在很多古籍中，“反”也表示“返”。

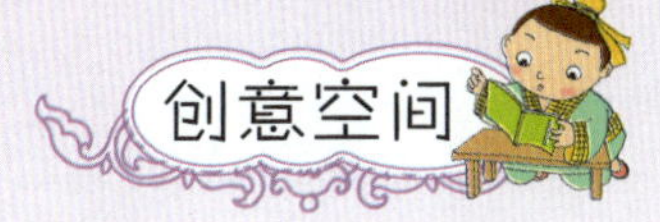

 1. 我会自读、自吟，找同学一起诵读。

2. 书写练习：照样子书写下面的文字。

夫然，故安其学而亲其师，乐其友而信其道，是以虽离师辅而不反也。

 3. 诗情画意显身手。（我可以涂画、作诗、写对联）

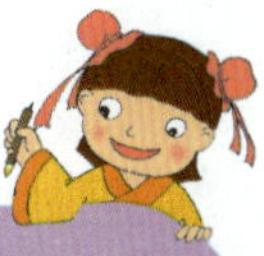

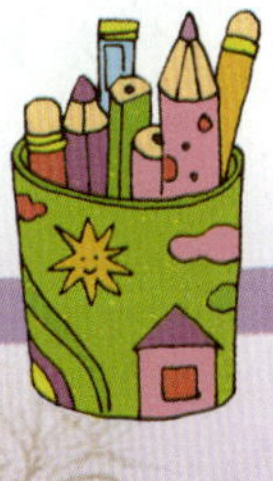

16 小大之辩

小知不及大知，小年不及大年。奚以知其然也？朝菌不知晦朔，蟪蛄不知春秋，此小年也。楚之南有冥灵者，以五百岁为春，五百岁为秋；上古有大椿者，以八千岁为春，八千岁为秋。而彭祖乃今以久特闻，众人匹之，不亦悲乎？

《庄子·逍遥游》节选

注释

① 知：通“智”。

② 匹：比。

知识少的比不上知识多的人的抱负，年寿短的不如年寿长的人的阅历。根据什么了解它是这样的呢？朝生暮死的菌类是不知道昼夜交替的时光的；夏生秋死的蟪蛄是不清楚春夏秋冬的季节的。这些都是寿命很短促的。楚国的南方有一个大灵龟，把五百年当作一个春季，五百年当作一个秋季；上古有一棵大椿树，把八千年当作一个春季，八千年当作一个秋季。然而只活了八百年的彭祖，现在以特别长寿传闻人间，一般俗人还都希望同他齐寿，不是太可怜了吗？

“意出尘外，怪生笔端”，《庄子》的魅力就在于它奇特自由的想象。这段话以“朝菌”、“蟪蛄”、“冥灵”、“大椿”、“彭祖”为喻，阐释“小知不及大知，小年不及大年”的道理，意在告诉我们万物既有所待，而人为地以小及大，是非常可悲的。诵读时，揣摩“小”、“大”之别，可虚实相应，可问答对接。行至文末，旷达之气转为苦闷与无奈。

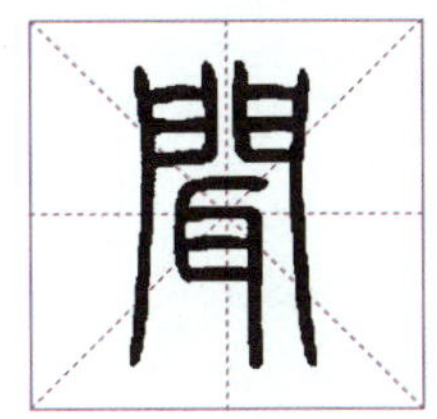
小篆

隶书

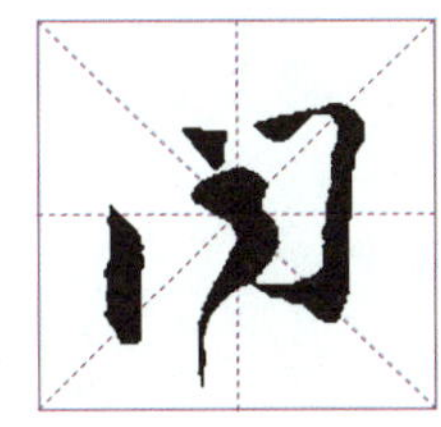
草书

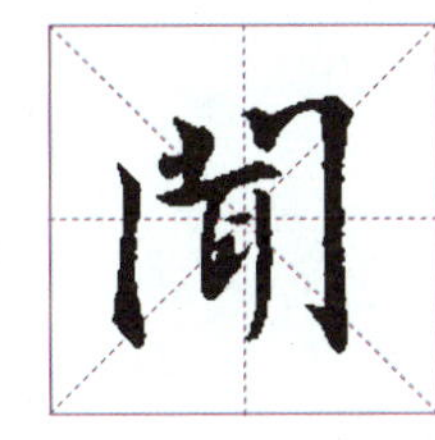
行书

楷书

闻：面朝右站立的人，有一只大耳朵，突出的是“听”的含义，这就是“闻”的本义。引申为“知识”、“见闻”。“闻”在现在的意思是“嗅”。

1. 我会自读、自吟，找同学一起诵读。

 2. 书写练习：照样子书写下面的文字。

楚之南有冥灵者，以五百岁为春，五百岁为秋；上古有大椿者，以八千岁为春，八千岁为秋。

 3. 诗情画意显身手。（我可以涂画、作诗、写对联）

中华酒文化

还记得那李白的名句“人生得意须尽欢，莫使金樽空对月”吗？中国人爱酒，自古产酒丰富，名酒荟萃。而且，酒也融入了中国的传统文化的每个角落，形成了独特的酒文化。

最早的酒大概产生于洛阳地区，并迅速地融入河洛文化之中。如今我们翻开《诗经》，很容易找到很多和酒有关的文字。

中国酒以白酒和黄酒为主。

白酒是一种蒸馏酒，其中的最为著名的有茅台、五粮液、汾酒、竹叶青、泸州老窖、古井贡酒等。这些都是享誉世界的名酒。

黄酒中，最为出名的便是古法酿制的花雕，风味独特。在江南地区，富裕人家在女儿满月之时还会酿制储存几大坛的黄酒，待女儿出嫁之日，将这些酒用于宴客，这就是著名的“女儿红”。

中国人还把酒与中草药结合，制成药酒，内服强身健体，外用疗伤推拿，在全世界可谓独树一帜。

中国的酒器

夏朝时期，酒文化已经十分盛行，夏朝一种叫“爵”的酒器，是我国已知最早的青铜器。

爵

商代酿酒业十分发达，青铜器制作技术也得到了长足发展，因此酒器文化也空前繁荣起来。尊、壶、觥、彝、卣、罍、瓿、杯、卮、斝、盉……这些都是酒器的名字。

从古至今，酒器的演变历经无数朝代和工匠艺人的雕琢，从盛储、温煮、冰镇、斟酒、饮酒，有三十多种不同的器具，材料也包括陶瓷、美玉、铜、玻璃、兽角、竹木、贝壳等，这些酒器，器物虽小，却在细节之间体现着礼仪和理解，因此在文人墨客的诗词之中被反复歌咏。

酒章文化

酒文化一直渗透于我国各朝各代的历史之中，彰显着其别样的情趣。

魏晋名士刘伶，人称第一“醉鬼”，他最为出名的作品便是《酒德颂》。常常烂醉如泥的他自认为行无踪，居无室，幕天席地，纵意所如。随时随地都会举杯畅饮的他把酒看作生命中最重要的东西，其它的一切则是过眼云烟而已。

唐宋时期，酒更是与文人墨客结缘，融入了文人的诗词、音乐、书法、绘画之中，产生了很多艺术佳作和趣闻轶事：

“书圣”王羲之在和友人聚会时喝醉了，挥笔写下《兰亭序》，潇洒的字迹被成为“遒媚劲健，绝代所无”，是他所有书法作品中最为著名的。

（清） 苏六朋 《太白醉酒图》

“李白一斗诗百篇，长安市上酒

家眠，天子呼来不上船，自称臣是酒中仙。”这是诗人杜甫所作的《饮中八仙歌》，把贪杯的李白描写得活灵活现。

怀素和尚也是在酒醉时挥毫泼墨，才留下了鬼斧神工的《自叙帖》。

草圣张旭在大醉之中，狂呼走笔，写出了“挥毫落纸如云烟”的《古诗四帖》……

诸如此类与“酒”有关的艺术佳话在中国历史上不胜枚举，相信细心的你，一定也能从学过的古诗词里，找到更多酒的踪影吧。

（明） 万邦治 《醉饮图》（局部）

对联

本册韵文，我们依然学习对联。学经典长联，来深深体味汉语文字的博大精深；学美文联玩索其巧思妙语，体味其优美意境；美韵联则音韵和谐，读来节奏明快；美意联深刻寓意，发人深省。同学们学习了众多的美联佳对，在感受韵律和谐意境优美的同时，更要借助诗情画意来展示自己的创作。

17 经典长联

盍归乎来？试着我席帽青衫，徜徉烟景。结可渔可樵之侣，当宜晴宜雨之天，倚槛听鱼，过桥题竹，临波招鹭，坐石吟松。把数十年车马劳劳，付诸云水苍茫，别开清境，更不须浮邱接袂，洪崖拍肩，俯仰自宽闲，妙共沙鸥盟息壤；去古未远，且对此潭潋帘影，凭吊林亭。叩宋明理学所传，挹晋魏风流所在，酒箴中圣，易奥窥义，琴韵通仙，笑声疑凤。问千百载溪谷落落，谁与泬寥高旷，争涤尘襟，又何必巢许同生，葛怀重活，咏歌余慨想，长留春色驻蓬壶。

〔民国〕徐世昌

百泉药交会

百泉药交会由隋朝大业年间的庙会演变而来，明朝洪武八年正式形成以药材为主的定期商品买卖市场，至今有600多年的历史，素享“春暖花开到百泉，不到百泉药不全”之盛誉。身处百泉，望丛山茂岭，观碧波荡漾，百计泉眼汩汩涌冒，湖泊南流而形成卫河。隋大业年间，为敬祀卫河神灵，修建了“卫源庙”，于是人多成会。到了唐高宗李治，大力提倡庙会，以致名商大贾慕名而来，逐渐形成了以药材为主的全国性商品市场，并沿袭至今。

百泉有“卫源”之称。这幅百字长联最大的艺术特点是本联自对和排比，如上联的“结可渔可樵之侣”与“当宜晴宜雨之天”，“浮邱接袂”与“洪崖拍肩”，“倚槛听鱼，过桥题竹，临波招鹭，坐石吟松”。下联的“叩宋明理学所传”与“挹晋魏风流所在”，“巢许同生”与“葛怀重活”，“酒箴中圣，易奥窥义，琴韵通仙，笑声疑风”等，都堪称工切。读联仿佛置身于百泉之中，令人流连忘返。

1. 我会自读、自吟，找同学一起诵读。

2. 书写练习：照样子书写下面的文字。

把数十年车马劳劳，付诸云水苍茫，别开清境，更不须浮邱接袂，洪崖拍肩，俯仰自宽闲，妙共沙鸥盟息壤；

3. 诗情画意显身手。（我可以涂画、作诗、写对联）

绿柳舒眉观新岁；

18 美文联

菱花晓映雕栏日；莲叶香涵玉沼波。

〔清〕乾　隆

一楼萃三楚精神，云鹤俱空横笛在。二水汇百川支派，古今无尽大江流。

〔清〕萨迎阿

巍巍冠盖日纵横，景其美兮，景其淑兮，景其灵兮，晋阳焜耀无双地；混混原泉时潋滟，清且涟猗，清且直猗，清且沦猗，山右声名第一区。

〔清〕刘大鹏

云阶月路引人来，乐水志在水，乐山志在山，随处襟怀随处畅；学海书城延客入，见仁谓之仁，见智谓之智，自家门径自家求。

〔清〕刘尔炘

巧对对联

传说乾隆皇帝下江南时曾到过济宁的微山湖，那天暮色四合，乾隆一行在微山湖休息，放眼四周，一片静谧，随即吟出上联："猫上茅屋，风吹毛动猫不动"。这时，一个在湖边玩耍的男孩儿听到了，头也不抬的应到："虎喝湖水，浪打湖湿虎不湿。"乾隆不由大吃一惊，接着又出一个对联："锡匠打锡，锡溅锡匠一膝锡。"小男孩不甘示弱："面夫罗面，面飞面夫一脸面。"这下，乾隆高兴极了，连胜夸赞说："这孩子了不得，将来可为宰相啊！"

乾隆一联出自万寿山谐趣园引镜亭，此联再现了夏日赏荷的情景，清澈的水池，高洁的荷花映照出乾隆实现清明政治的理想；萨迎阿此联为"七七"联句，读法为"一楼/萃/三楚/精神，云鹤/俱空/横笛/在。二水/汇/百川/支派，古今/无尽/大江/流"。其前句是三四结构，后句是四三结构，读来气势飞扬，韵味十足；刘大鹏联语切地，切景，内容丰富，描述形象，写出了晋祠优美的景色，读来让人心驰神往；刘尔炘联作者题于甘肃兰州五泉书院。联语脱俗清新，自对手法在联中多次出现，且所用比喻生动，联语工整而贴切。

 1. 我会自读、自吟，找同学一起诵读。

 2. 书写练习：照样子书写下面的文字。

菱花晓映雕栏日；莲叶香涵玉沼波。

 3. 诗情画意显身手。（我可以涂画、作诗、写对联）

秋从夏雨声中入；

19 美韵联

公昔登临，想诗境满怀，酒杯在手；我来依旧，见青山对面，明月当头。

〔清〕胡　敬

胜地据淮南，看云影当空，与水平分秋一色；扁舟过桥下，闻箫声何处，有风吹到月三更。

〔清〕江湘岚

三百年方策犹存，剩凫渚鸥汀，时有云烟入图画；四十里昆明依旧，听菱歌渔唱，不须鼓角演楼船。

〔清〕薛时雨

伯牙弹琴、子期听琴，琴台原不远，得三五知己，共此悠游，莫作古人谈风月；简斋随园、荫圃曲园，园圃本无他，有一二林泉，可以栖止，休教异地恋湖山。

〔清〕任 桐

高山流水遇知音

春秋时的伯牙，一次在江边弹琴，有一个樵夫静静听着。伯牙先弹了一首《高山》，乐曲刚完，樵夫就赞叹说："太好了！巍峨壮观的泰山啊！"伯牙随即弹一曲《流水》，琴音未落，樵夫就夸赞说："太好了，浩荡大气的江河啊！"伯牙不由激动地说："你真是我的知音啊！"这个樵夫就是钟子期。

胡敬联题于采石矶太白楼，联语韵味清隽，用词工丽，细细品赏，别有一番味道，读来音调抑扬有致。江湘岚的对联有情有景，情景交融，展现出扬州二十四桥的绮丽、别致，联语对仗自然，不落痕迹。薛时雨联十分切合南京玄武湖，联语对仗工稳，情景交融。任桐联题于武昌琴园，是一副嵌字联，上下联以复字手法分别嵌入"琴"和"园"，联语中"三五知己"、"一二林泉"等词，可见其处世的潇洒、淡泊的恬静。

 1. 我会自读、自吟，找同学一起诵读。

2. 书写练习：照样子书写下面的文字。

胜地据淮南，看云影当空，与水平分秋一色；扁舟过桥下，闻箫声何处，有风吹到月三更。

3. 诗情画意显身手。（我可以涂画、作诗、写对联）

花落家僮未扫；

20 美意联

万卷古今消永日；一窗昏晓送流年。

〔宋〕陆 游

喜有两眼明，多交益友；恨无十年暇，尽读奇书。

〔清〕包世臣

学知不足教知困，自反自强。古人云功可相长也；海祭于后河祭先，或源或委，君子曰本其当务之。

〔清〕陈维英

两脚不离大道，吃紧关头，需要认清岔路；一亭俯看群山，站高地步，自然赶上前人。

〔清〕陈文政

物重其本

《礼记·学记》有这样的记载："三王之祭川也，皆先河而后海。或源也，或委也，此之谓务本。"说的是，在过去夏、商、周三代的君王祭祀百川的时候，都是先祭河，后祭海。或者是先祭其源（水流的源头），然后再祭其委（水源的下流），这是因为河是水源的根本，海是河流的归处，先本而后末，这叫做务本。先小后大，小是大之本；先学而后才能达到圣人的境界，如此，学是为圣之根本。

陆游一联阐明了作者与书相伴的读书生涯，联语对仗工整、平仄得当，读联顿挫起伏，音韵婉转；包世臣联语不仅对仗工整，而且含有深刻的寓意，告诫我们"慎重择友，趁早读书"，细读联语，发人深省；陈维英联题于台北学海书院，化用《礼记·学记》文，对仗工稳，颇见功力。教学相长，物重其本，读联给人以启迪；陈文政联看似写景，其实寓理，手法新颖，语言晓畅，通俗易懂。

1. 我会自读、自吟，找同学一起诵读。

 2. 书写练习：照样子书写下面的文字。

两脚不离大道，吃紧关头，需要认清岔路；一亭俯看群山，站高地步，自然赶上前人。

 3. 诗情画意显身手。（我可以涂画、作诗、写对联）

山光扑面经新雨；

中国古代的教育

“儿童散学归来早，忙趁东风放纸鸢。”这是古代孩子们放学时的场景，和我们今天的生活是不是很相似呢？

学校是接受教育的地方，大约在夏朝，中国便出现了学校。最初的学校是面向贵族子弟的。春秋时期，孔子在民间推行教学，开办了私学，才让平民子弟有了接受教育的机会。

官学与私学

中国古代的教育是官学与私学并存的，它们接收的是不同身份地位的学生。官学以太学和国子监为代表，主要招收贵族与官员的子弟；私学则主要以私塾和书院的形式存在，它们将知识带给有志于学习的平民子弟，培养了大量优秀的人才。

周代，统治者在天子都城设立学校，称“辟雍”。后来，汉武帝在长安设立了国家最高学府——“太学”。随后，晋武帝在太学之外，又设“国子学”，级别更高于太学，五品以下官员的子弟是无法入读的。

北京国子监由晋代的国子学发展而来，几经变化，到清代已经取代太学，成为国家唯一的最高学府。

与官学相对应的，便是遍地开花的私塾。私塾分成“蒙馆”和“经馆”。蒙馆

主要对儿童进行启蒙教育，重点是教会孩子识文断字；经馆则以应付科举考试为主，招收有一定文化基础的成年人。

中国的书院

中国有许多著名的书院，除了邀请名师来讲课，学习氛围其实比官学更加自由，很注重学生自学，提倡辩论，对学生的学术观点十分宽容。

历史上最著名的书院是北宋初年的四大书院：石鼓书院（在今湖南衡阳市）、岳麓书院（在今湖南长沙市）、睢阳书院（在今河南商丘市）和白鹿洞书院（在今江西庐山），其中，以白鹿洞书院和岳麓书院影响最大。

白鹿洞书院位于江西庐山五老峰。因为南宋著名的理学家朱熹在此主持和讲学，白鹿洞书院因此闻名天下，吸引了很多求学者。

岳麓书院在湖南长沙岳麓山下，南宋时张栻、朱熹等大家都曾在此讲学。鼎盛时期，学院学生多达千人。历经岁月洗礼的岳麓书院，大部分千年古建筑至今依然保存完好，现已成为湖南大学的一部分，是名副其实的千年学府。

科举制度

科举考试是中国古代为选拔人才资源而设置的一种考试制度。魏晋以来，权贵子弟无论是否具备真才实学，都能在朝廷担任要职。而低微但又才华横溢的平民子弟却不能担任高官。为改变这种弊端，隋文帝首创分科考试的方式，以此来选拔人才，这就是科举制的雏形。

完备的科举制度直到明朝正式形成，有院试（也称童生试）、乡试、会试和殿试几个等级。殿试是皇帝亲自主持的考试，内容以“四书五经”为准，考生必须写八股文。

殿试的一甲第一名称为“状元”，第二名称“榜眼”，第三名称“探花”，能在殿试时中状元，对古代的读书人而言是光耀门楣的巨大荣誉，也意味着有机会可以伴在皇帝左右成为朝中重臣，是许多读书人毕生的追求。在今天，我们还会用“状元”来形容各行各业最出色的人。

附录：亲子共读

我能将这段诗文的大意或典故讲给家长听。（涂红花朵表示）

第1课　家长评一评：很好　好　须努力

第2课　家长评一评：很好　好　须努力

第3课　家长评一评：很好　好　须努力

第4课　家长评一评：很好　好　须努力

第5课　家长评一评：很好　好　须努力

第6课　家长评一评：很好　好　须努力

第7课　家长评一评：很好　好　须努力

第8课　家长评一评：很好　好　须努力

第9课　家长评一评：　很好　好　须努力

第10课　家长评一评：　很好　好　须努力

第11课　家长评一评：　很好　好　须努力

第12课　家长评一评：　很好　好　须努力

第13课　家长评一评：　很好　好　须努力

第14课　家长评一评：　很好　好　须努力

第15课　家长评一评：　很好　好　须努力

第16课　家长评一评：　很好　好　须努力

第17课　家长评一评：　很好　好　须努力

第18课　家长评一评：　很好　好　须努力

第19课　家长评一评：　很好　好　须努力

第20课　家长评一评：　很好　好　须努力

图书在版编目(CIP)数据

中华国学课本.第12册/张庆华主编.—北京:中华书局,2014.3
(中华诵·经典素读教程系列)
ISBN 978-7-101-09929-4

Ⅰ.中… Ⅱ.张… Ⅲ.中华文化-小学-教学参考资料
Ⅳ.G624.233

中国版本图书馆 CIP 数据核字(2014)第000115号

书　　名	中华国学课本　第十二册
主　　编	张庆华
丛 书 名	中华诵·经典素读教程系列
责任编辑	祝安顺　白爱虎
出版发行	中华书局
	(北京市丰台区太平桥西里38号　100073)
	http://www.zhbc.com.cn
	E-mail:zhbc@zhbc.com.cn
印　　刷	北京瑞古冠中印刷厂
版　　次	2014年3月北京第1版
	2014年3月北京第1次印刷
规　　格	开本/889×1194毫米　1/16
	印张5½　字数12千字
印　　数	1-5000册
国际书号	ISBN 978-7-101-09929-4
定　　价	18.00元